また会いましょう さよならのない国で

創作人形作家
いとう佐知子の手記

編 吉村生子

キリスト新聞社

いつも喜んでいなさい。
絶えず祈りなさい。
すべての事について、
感謝しなさい。

聖書

ステンドグラス 佐知子デザイン

如鷲教会玄関

光の子幼稚園

創作人形作家　いとう佐知子　作品

楽《らく》焼《やき》

「童」

越前焼《えちぜんやき》

「雨」

1978年　福井県美展　入選

紙粘土

「兄妹」

1990年　県美展　入選

「姉弟」
1992年　市美展　入選

「少女」

「ハレルヤ」
1991年　県美展　入選

「あやとり」
1995年　県美展　入選

「雨上がり」
1999年　市美展
市教育委員会賞

「母と子」
2001年　県美展　入選

「母と子」
2002年　市美展　市教育委員会賞

「いつくしみ」
2006年　市美展　日刊新聞社賞

「ふれあい」
2003年 市美展　市文化協議会賞

「昼下がり」
2006年　県美展　入選

「母と子」
2007年　市美展　奨励賞

「たたずむ」
2008年　県美展　市長賞

「やわらぎ」
2008年　市美展　FM福井賞

「あと追い」
2009年　県美展 審査員特別賞

「まなざし」
2010年　県美展
NHK福井放送局賞

「馬小屋」

「天使」

創作人形作家

いとう佐知子　　プロフィール

1960年代　**楽焼**（らくやき）

1965年 楽焼を始める。

1966年 テレビ出演。

1968年 福井県美展で作品「童」が入選。

1970－80年代　**越前焼から紙粘土へ**

越前焼での人形創作。色は付けない。

その後、紙粘土に出会い、

1980年代末からは紙粘土による

人形製作が中心となっていく。

焼かない、容易に色を付けられる、といった

紙粘土の特徴が活かされる。

初期は子どもを題材にしたものが多い。

1990－2014年　**紙粘土**

1990年代から次々と作品を創作していく。

紙粘土の特徴を活かし、色彩もさらに豊かに。

福井新聞社賞や福井市長賞をはじめ

全国創作人形コンクール特別賞など、

数々の賞に入選。

彫刻部門でも入選。イラストも手がける。

はじめに

このたび、母が生前書きとめていた文集とイラストをこのような形で出版していただけたことを心から感謝いたします。

六年間の闘病生活を送った母は、父と一緒に教会や幼稚園での奉仕に励み、元気なときは民生委員・児童委員としても地域のために奔走していました。

そんな多忙な合間を見つけては、若いころから趣味で始めた陶芸（焼き物）を独自に考案した創作人形作家として、県や市の美術展などで受賞していました。作品の一部をご紹介させていただき嬉しく思っています。

この本を通して、母が最も語り続けたかったイエス・キリストの十字架による喜びの福音をお伝えできればと願っております。本書の出版にご協力いただいた森重ツル子さんに感謝いたします。

吉村生子《せいこ》

目次

はじめに……（生子） 3

私を変えた神の愛

青春時代……（佐知子） 9
再会……（佐知子） 12
罪が分かったの……（生子・佐知子） 17
結婚……（佐知子） 21
趣味を神とはせず……（生子・佐知子） 26
恵みと試練……（佐知子） 32
天国の直ちゃん……（生子・佐知子） 34
病気を通して……（生子・佐知子） 38
四十五年の歩み……（生子・佐知子） 42

子育てについて

「しつけは？」「教育は？」……（生子・佐知子）57

思わぬ収穫……（佐知子）62

「内緒にしてね」……（佐知子）65

幼子のような心を……（佐知子）68

私の洗礼……（次女 直子）70

毎日家庭礼拝……（生子・佐知子）72

あなたもあなたの家族も

帆柱を倒して……（佐知子の父 文夫）76

久枝の涙……（生子・佐知子）80

旗印は鮮明に……（佐知子）87

「オール五」でなくても……（佐知子）90

仲良しの嫁舅……（生子）92

いつも褒めてくれた義父……（佐知子）93

義母とのスキンシップ……（佐知子）96

時が良くても悪くても

感謝探しの達人……（生子） 99
「子ども会の皆さ～ん」……（佐知子） 101
大好きな光の子幼稚園……（佐知子） 104
「世の光」放送伝道……（佐知子） 106

また会いましょう

ダビデ・マーチン宣教師夫人 冨美子先生
（生子） 109
聖書に書かれているような女性
（マーチン 冨美子） 110
父のこと……（生子） 114
私のベストパートナー……（伊藤 一夫） 116
あとがき……（生子） 120

私を変えた神の愛

青春時代

佐知子

私の家は父の仕事の関係でいろんな所に移り住み、引越し歴十四回という転勤族でした。兄弟は四人で、両親はあまり子どもたちに干渉しない環境の中で育ちました。しっかりした性格とぼんやりとした性格の両極端な兄弟の中で、私はつかみ所のないぼんやりした性格でした。

高校時代の私は、授業中に漫画を書いたり、校則を破ってみたり、授業をさぼって校庭のベンチで歌を歌っていたり、学級日誌に先生の悪口を思いっきり書いてみたり、音楽の時間に他の人が学校で習った歌を歌っているときに、私だけ小節をまわして演歌を歌い笑われたりしていました。

もともと対人関係は苦手でしたから、苦手な人に道で出会いそうになると、別の道へ避けて通っていました。礼儀正しく明るい人を見ると、鼻持ちならない嫌な人だと思い、「あのような人間にはなりたくない」と思っていました。誰にも知られも咎められもしませんでしたが、ことごとく小さな抵抗をしていたのです。

当時の私は、「自分ほど取り柄のない人間はいない」と強い劣等感を持っていました。「どうせ私のような者が少々の努力や背伸びをしたからとて焼石に水でしかない」と思ったのです。何を見ても空しく悲観的で、何のために生きなければならないのだろうと考える無気力で暗い青春時代を送っていました。暗い境遇にあった訳ではなく、自分で自分を暗くしていたのです。

結婚という話題が聞かれる年ごろになっても、私にとっては、何の関わりもない言葉でした。何の疑いもなく否定していたのです。

私は他から固く心を閉ざしていました。ただ物言わぬ「焼き物」が、私の心を向ける唯一の道だったのです。目に映る自然は、色も形もすべて「焼き物」に結びついて美しかったのですが、同じ年代の人たちの楽しむ遊びの場には出かけることができませんでした。

私はひたすら趣味の「焼き物」とギターに没頭し、結婚しないで一人で暮らすことを真剣に考えていました。

当時はビートルズが活躍しており、福井にもカントリーブラザーズというエレキギターのバンドがありました。どういう訳か、バンドリーダーの方が「仲間に入りませんか？」と誘ってくださり、女性はいないものですから、「ワー、やってみよう！」と、すぐに飛びついたのですが、姉に止められて思い留まったときもありました。

再会

佐知子

そんなある秋の日、九十九橋《つくも》の上で光陽中学時代の同級生だった伊藤一夫（のちに結婚した主人）と再会しました。私が二十一歳のときでした。

彼は東京の大学から福井に帰省していました。純粋で誠実な同級生（主人）を私はひと目で彼がクリスチャンだと分りました。「教会に行きませんか」と何度も誘われましたが、私は行きませんでした。

私がいかにかたくなな人間であったか分かることは、彼が最初に教会に誘ってくれたときに「キリスト教の間違いについて」と「神がこの世に存在しない理由」という二冊の本を読みかじったばかりの知識で彼に反論し「ゆえに私はキリストを受け入れない」と念の入った断り方をしたのです。

しかし、神様とつながりを持つ別世界があることなどは、そのときはまったく知り得なかったのです。

初めて教会というところに足を運ぶことにしたのは、別の用事があって、その前にちょっと立ち寄ることにして彼について行ったときでした。

驚いたことに、そこは教会と言っても、十字架のついた洋風の建物でもない日本家屋の坪田ふとん店の二階の畳の部屋で、「伝道所」と呼ばれていました。さらに驚いたのは、光陽中学時代の先輩や後輩の竹田玲子さん、三﨑恵子さん、田村紀子さん、柏田優子さん、中野善恵さんが来ていたことでした。

みんな、にこやかで柔和な人ばかりで、若い方から和服を着た婦人の方たちが座布団に座って文語調でお祈りし賛美歌を歌っている光景が、私の目には不思議に映りました。

「こんな清らかな人たちの中に、私のような俗っぽい人間がいるのは場違い」という感じがしましたが、私にはとても新鮮に映り、礼拝に通うようになりました。

牧師から「十字架の救い」についてのお話を聞いたとき、それはとても驚きでした。

「十字架の死は身代わりの死であって、罪のない神の御子イエス様が、私たちの罪を全部背負って神様の罰を身代わりに受けて死んでくださり、よみがえってくださったこと」でした。

私は、心を洗うが如く響く牧師の言葉をひとつも漏らさないようにノートに書きとめて、何度も繰り返し読み考えてみました。聖書はひと通り通読してみました。よく意味がつかめず、信じるに値する真理なのかなと思いましたが、神様の潔さと自らの醜さとには、あまりにも隔たりがありすぎるように思われ、敬遠したいという思いで教会から足が遠のき、「私のような者に信仰を持つなどできようはずがない」という諦めに変わり、また「土くれ」(焼き物)にのみ心を費やす生活が続きました。

私が再び礼拝に出席し始めたのは、現在の教会堂が建てられて後のことでした。その間、何度も訪問や熱心な誘いを受けていました。

ある晩、ひとりで夜遅くまで聖書を読んで祈っていました。すると、今まで苦しみ悩んでいたことが、自分を中心とする私の内にある罪のためであったことが分かりました。そんな私の罪の身代わりになって十字架にかかられたイエス様を心に受け入れたとき、涙がとめどなく流れ、さらに祈り続けました。また私がどんな罪を犯したかという以前に、天地万物を造られた父なる神様に逆らって生きていた生き方こそ、聖書に書いてある罪だったのです。

《聖書の言葉》

すべての**人**は、**罪**を**犯**したので、**神**からの**栄誉**を**受**けることができず、

ただ、**神**の**恵**みにより、

キリスト・イエスによる**贖**いのゆえに、**価**なしに**義**と**認**められるのです。

（ローマ人への手紙三・二三、二四）

私はその夜、涙ながらに悔い改めて、イエス様を自分の救い主として信じました。

それからというもの、一日も休まず礼拝と祈祷会に出かけました。日曜学校のご奉仕から青年会まで、あらゆる集まりに出席し始めました。

神様は私をまったく変えてくださいました。そして何よりも、「私も清い者にさせていただきたい」という「百八十度の方向転換」をして、喜びと希望が与えられました。

父なる神様に逆らって生きる人生から、悔い改めて天国に向かう新しい人生へと変えられたのです。

私は礼拝を守るようになって間もなく、洗礼を受けました。

救いは神様の恵みであり一方的な贈り物ですが、受け入れる決断が必要だと思います。私が教会から離れている間も、たくさんの方々の熱い祈りがあったことを思うとき、とりなしの祈りの大切さを思い知らされます。

母の思い出「罪が分かったの」

生子

ある日、私がある人の批判をしたときのことです。私は正しいことを話したつもりでしたが、母は最後まで黙って私の話を聞いてくれた後、ひとこと言いました。「それでも、お母さんも同じ罪人やと思う……」

母から他人の批判や悪口を聞いたこともありませんでしたが、母の性格は、以前はそうではなかったそうです。罪を罪とも思わない愚かで傲慢な人間だったこと、いつも自分の失敗した話や、心の中で犯した罪まで話してくれました。

そして、この「罪の根」である原罪を分からせていただき、イエス様の十字架の身代わりによってすべての罪を赦していただけた背後に、父や教会の方々の祈りがあったことを心から感謝していました。

「多く赦された者は多く愛する」とイエス様は言われましたが、それだけ赦された喜びも大きかったのだと思います。

罪が分かったの

佐知子

私は坪田ふとん店の日曜学校でご奉仕をさせていただいています。

坪田先生からは教えられることが多く、「日曜学校はあくまでも子どもたちがまことの神様を信じることが目的で、子どもを集めることではないです」と言われ、子どもたちの前に立つときは祈りをもって向かい、どの聖書箇所を話すときでも、お話の最後には必ず「十字架の救い」について、イエス様の救いは二千年前の話ではなく、私たちの罪のためだということを話すよう教えられています。

私はお話をする度、不思議に思うことがあります。

私は人とのお交わりは大の苦手です。子どものころ、担任の先生が近づいて来て何か話しかけられるなと気配を感じると、パッと逃げていました。捕まってしまって話しておられる間にも、じりじり後ずさりをして、ついには消えてしまっていました。このことは、父兄会の度に母が言われていたようです。本当に人から逃げ出すほど話すのが苦手だったのです。ましてや人の前に立って話すとは、とうてい無理な相談でした。

それが教会に行くようになって間もなく日曜学校で礼拝のお話を交替ですることになり、私はどういう訳か断りもせずに話していました。

こんな私が信仰を持ちましてから、少しずつ変えられていきました。それは罪が分かったからです。しかも、私があんな罪を犯したとかこんな罪を犯したという以前に、私にはどうしようもない「罪の根（原罪）」があること、それゆえにイエス様は生命を捨ててくださったということが分かったからには、諸手を挙げて神様に降参するより他はなかったのです。

どんなに優れた人であろうと、どんなに真面目な人であろうと、聖書の光に照らされない限り、罪というものは知識では知っていても、決して分からないのです。そして、罪が分からないでイエス様の救いが分かるはずがないと思うのです。

この「罪の根」を分からせていただくまでには、多くの方々の祈りがあったことを決して忘れることはできません。

聖書に、シロアムの池で目を洗って癒された盲人が言った言葉に、

「ただ一つのことだけ知っています。わたしは盲目であったのに、今は見えるということです」（ヨハネ九・二五）とありますが、私も、

「以前は罪を知りませんでしたが、今は罪を知っています。以前は言葉のものではありませんでしたが、今はお話させていただいています」。

そう証しできるのではないかと思います。

賛美の伴奏をする一夫・佐知子

結婚

佐知子

こうして信仰が与えられると同時に、結婚というものも、現実的なものと考えられるように変わったのです。以前の私からは、まったく考えられなかったことでした。信仰によって価値基準が百八十度転換するというのは実に私の場合だと思います。

もし私が人間失格だと悩まなかったらイエス様を受け入れ悔い改めていただろうかと思うとき、神様は生まれる前から私を選んでくださっていたことを改めて感謝しています。

神様は、伊藤一夫（主人）という結婚相手まで与えてくださいました。

今は主人の両親と三人の子どもと七人家族です。

恐れていたはずの結婚生活でしたが、近所の人が不思議がるほど両親とも円満に守られています。


私が嫁いだころの両親は、熱心な仏教徒でした。朝に夕に仏壇に手を合わせ、おつとめの声の聞かれる朝も度々でした。月に二度はお坊さんがお経を挙げに来ておられました。私にも仏壇（先祖）を拝むように促されたこともしばしばでしたが、たいていのことでしたら、不充分ながらも従うことができましたが、この要求にだけは従い得ませんでした。

私たちの結婚式のときも、周囲の関心は「クリスチャンの嫁が果たして仏壇を拝むかどうか」という点にあったようでした。結局締め切った仏間で仲人への一礼だけということにさせていただきましたが、そうなるまでには、親類縁者との主人の涙ながらの戦いがあったと聞いています。

義父は真面目一徹な人で、義母も温厚な人柄で愛情細やかに義父に仕え、主人を一途に育てて来られた人でした。それだけに、「仏壇を継がない者は、本当の跡取りとは言えない」といった考え方の仏教王国福井にあって、主人がクリスチャンになったことを知ったとき、「飼い犬に手を噛まれた思いだった」と思われたのも無理からぬことでした。

そんな訳で、初めのうちは教会への奉仕も反対されていました。足音を忍ばせて夜の伝道会や祈祷会に主人が出かけた後、「どこへ行ったのか」と詰問されて一苦労したものでした。

また、教会では、週報書きや、付属幼稚園の会計、事務のご奉仕をさせていただいていますが、三人の子どもを寝かせつけた後、両親の目につかないようにする深夜の仕事でした。

両親は私に仏壇を拝むように言い、礼拝に行くことを反対されました。ですから日曜日は、いつもより朝早く起きて、洗濯、掃除、目の前に仕事のないようにして、昼の食事の用意もお膳に並べて、さりげなく子どもを連れて礼拝に出ました。

毎週わが家で牧師をお呼びし、ご近所の方々や教会の方々と一緒に家庭集会を持たせていただいていますが、それをやめてほしいと何度か言われました。それでも、「今日は無理かな」と思うときも、不思議と守ることができました。日曜学校やその他のご奉仕も、時間を作る工夫をして、何とかさせていただきました。

その後、「信仰は自由だから反対はしない」と言うようになり、次第に理解を示してくださるようになりました。

仏壇を拝まず、礼拝に出かけ、家庭礼拝をして、ご奉仕もするためには、何でも両親に従ってきました。

その結果、両親はまず家庭集会に出席し、礼拝にも出かけるようになり、イエス様を自分の救い主として理解して信じ受け入れ、お寺さんとのお付き合いをお断りし、仏壇をお寺に預け、しかも、それをすべて父が自分の手で行いました。

そしてクリスマスに両親二人そろって洗礼を受けて、今は家族みんなで礼拝に出席し、毎日の家庭礼拝も守られています。

《聖書の言葉》

だれでもキリストのうちにあるなら、その人は新しく造られた者です。古いものは過ぎ去って、見よ、すべてが新しくなりました。

（コリント人への手紙第二五・一七）

神様は、イエス様を受け入れたときから、私を変えてくださったばかりか、主人の信仰と祈りも聞き入れられ、両親をも変えてくださったのです。

義父母　泰・よしを洗礼式

母の思い出「趣味を神とはせず」

生子

母が召される十日前、福井市民クリスマスの会場で「いとう佐知子創作人形展」が開かれました。

兄が福井新聞に人形展の広告を載せ、ホームページやポスター、パネルなどを作り、教会の方々も手伝ってくださいました。当日は、雪の中でしたが身体が辛い中、母も会場に行くことができ、来てくださった方々に挨拶していました。私が神奈川から駆け付けたことを母はとても喜んでくれました。

それが母と過ごした最期となりましたが、二人でゆっくりと話せた大切な思い出です。

また、福井駅前の「ふく+《たす》」でも個展を開いてくださり、千人以上の入場者にご覧いただき励ましの言葉をいただきました。

母が若いころ、趣味で始めた「焼き物」について祈ったことがあるそうです。「この趣味が信仰の妨げになるのでしたら、自分から取り去ってください。しかし、もし祝福されるものでしたらお役に立つ道を与えてください」

神様はこの祈りに応え、母が一度捨てた「焼き物」を用いてくださったのだと思います。

趣味を神とはせず

佐知子

私たちの生活は、二つ以上の事柄をどっちにしようかといった物事の選択の連続で生活が成り立っていると思います。そしてその選択が、どれだけ自分の趣向や思いによらず、神様に委ねられているかということが、信仰を計るバロメーターではないかと思います。

私は趣味で焼き物を始めました。焼き物と言いますと、土で好きな形を作り、千何百度という高熱の窯の中で焼くのですが、その窯の状態によって窯は不思議な変化を起します。自分の意図した物とまったく違った物ができたりします。それを窯変（ようへん）と申します。ですから、よく似た物はあっても、まったく同じものは決して作れません。それだけに、その作り上げたときの感激は大きくて、経験された方でなければ分からないと思います。私は信仰を持ちましてからも、暇を見つけては続けて参りました。

ところがその焼き物が、私の心の中に余りに大きな比重を占めていることに気付きました。思い悩んだりしましたが、このことについて一度も祈っていなかったことに気付いたのです。

そこで私は祈りました。

「私が趣味にしているこの焼き物が、信仰の妨げになるようでしたら、どうぞ私から取り去ってください。しかし、もし祝福してくださるのでしたら趣味としてではなく、別の道を与えてください」

そして、これまで作っていた作品やそれに関わるすべての物を大きなボール箱に詰め込んで、ごみの収集日に出し捨ててしまいました。こんな簡単な決断をどうしてもっと早くできなかったかと、自分の不信仰を反省したものです。

今年の初めのことですが、焼き物の先生から突然電話がありました。私の作品を買い取りたいと言う人がいるとのことでした。私はそんなことは有り得ないと思いました。私のような名もない一愛好家の作品をたとえどんなにわずかでも代価を払って引き取ることなど考えられません。しかも、形、大きさ、数も問わず、作ったすべての作品を引き受けたいというのです。

私は一度捨てたときに、今度は趣味としてではなく相手に与えることのできる別の道があることを確信していました。

今は、少しずつではありますが続けております。

もはや私にとって一度捨てた焼き物は、いつ私から取り去られても構わないと思うほど、比重の小さなものと変わったのです。

私はこのことを通して、まだまだ趣味どころではないいろいろな宝物が私の心を占めているのではないかと思うのです。それは家族であり、子どもであり、また家庭の平和であるかもしれません。自分自身の健康、自分を取り巻く環境であるかもしれません。それらを本当の神様以外の神様として、根強く心を占めているのではないかということです。

そこで私は最近、「私の心の中に、家族や家庭の平和、健康、その他を神様とすることがありませんように。その何れかがいつ取り去られても、神様を賛美し感謝を捧げられるように、神様の御心に委ねる信仰を与えてください」と祈っております。

何が奪い去られても、どのような嵐の中にあっても、見失わない信仰を持っていきたいと願っております。

楽《らく》焼《やき》

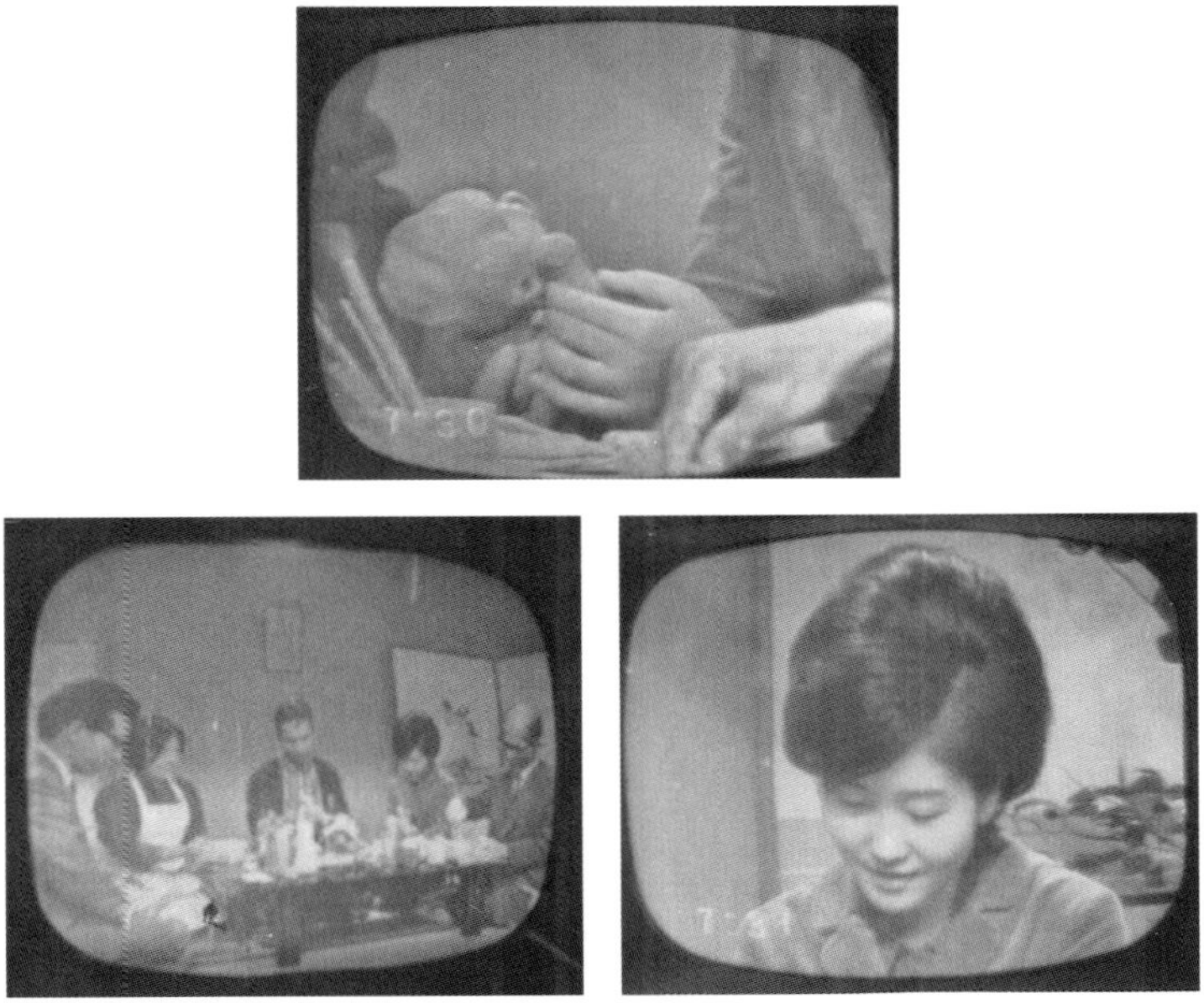

NHK出演　1966年（昭和41年）

恵みと試練

佐知子

娘の生子がいつも私に言うことがあります。

「お父さんはお母さんの命の恩人だね」と。

つまり「永遠の命に至る恩人」だということです。もしあのときに主人に出会わなければ、私はイエス・キリストによる永遠の命に至る祝福に与かることはなかったことですから、確かに主人は私の命の恩人なのです。

主人は、東京で生まれ、三歳のときに母親が亡くなり、伊藤家の養子になって福井市の照手町に住んでいました。

私も父の転勤で足羽町に住んでいました。

二人の住んでいる町が光陽中学校の校区だったことから、私たちは同じクラスになりました。

そのことを思うと、私たちの出会いは神様のご計画であり、神様のレールの上を歩ませていただいたことを思わされ、神様の深いご摂理に感謝する次第です。


しかし、恵みと同時に試練も経験しました。

次女の直子が若くして天に召されました。

私は現実を受け入れられず、「神様、あなた様のみ心はどこにあるのですか」と問う辛く悲しい毎日でした。

しかし、人の生も死も支配しておられる神様は、すべてを益としてくださるとの信仰に立ち返り、慰めをいただきました。

母の思い出「天国の直ちゃん」

生子

「直ちゃん、直ちゃん」と呼ばれ、みんなから可愛がられていた妹の直子は、二〇〇四年一月二十日、二十九歳という若さで召されました。

愛する娘を天に送った両親、とりわけ母にとって一番の試練であったと思います。

母の引き出しの中から「お母さん、大大大好き」と書いた直ちゃんの手紙を見つけたのは、母が召された後のことでした。

直ちゃんが召された後、この手紙を取り出して読み返し、母はどんなに辛かったことでしょう。

母は「直ちゃんが召された事実をすぐには受け入れ難かったけれど、聖書の言葉に本当に慰められたの」と話してくれました。

母と私は共に泣き、共に祈り、かけがえのない大切な時をいただきました。

神様のご計画は私たちには受け入れ難いこともありますが、生も死も支配しておられる神様のなさることが最善であると信じています。

私たちもいつの日にか永遠の家に帰り、先に召された愛する方々と再会できることを感謝しつつ生きたいと願っています。

天国の直ちゃん

佐知子

生子が生まれた後、もう一人くらいは子どもがほしいと思いました。生子が二歳のときに流産しましたが、翌年、次女の直子が生まれました。流産してすぐということが原因ではないかと言われましたが、直子は右手右足が弱かったため、生子が親よりもよく面倒を見ました。幼稚園や小学校でも、友だちがよくかばってくれて助けてくれました。それでも体育の時間などは、できなくて苦労したと思います。日常生活には支障がなかったので、家族も本人も手足が

悪いことを忘れていたように思います。

九歳で洗礼を受け、教会にもたくさんの友だちを連れて来て、元気いっぱいの明るい子でした。

いつも「私はみんなに愛されて幸せだ」と言っていました。

大学時代には、単身で京都へ行きましたが、それまでのような友人関係ではなく厳しいものでしたので、四年間でずいぶん痩せました。

そして、いよいよ福井に帰って会社勤めを始めると、右手の弱さが急に大きな支障となってきました。仕事がきつく、本当に苦しんでいました。見かねた家族が会社を辞めるように言いましたが、どんなに辛くても決して辞めようとはしませんでした。ストレスが食事に表れ、更に痩せていきました。もう本人の意志でもどうしようもなくなり、家族全員が苦しみました。

そんな中、かかりつけの医師から、カリウムが不足して心臓が悪いので入院治療するように勧められていた矢先の二週間後に、直子は召されました。

二十九歳でした。

私は気も動転する中、旧約聖書に出てくるヨブの信仰を思い出しました。

「主は与え、主は奪う。主のみ名はほめたたえられよ」

今までこの信仰を教えられてきたのに、それができないのです。

現実を受け入れられず、本人である直子の人生についてはどうなのだろう、神様の御心はどこにあるのだろうかと思い、こうしてあげれば……と、自分を責めました。

牧師がメッセージの中で、「今が神様の定められた時であり、神様は『二十九年間よく走ったね。もういいよ』とおっしゃっている」と言ってくださり、直子が神様と共にいることを思い、神様から慰めをいただきました。

成人記念

復活を信じて希望を持っていますが、正直まだ自分のものになっていません。

時間はかかると思いますが、神様から力をいただいて、信仰によって乗り越えていきたいと心から願っています。

母の思い出「病気を通して」

生子

母が病気になってからの数年間を振り返ると、母の信仰の姿勢に驚かされています。痛みや息苦しさがありながらも、愚痴も言わず、心配気な顔も見せず、「毎日読む聖書が新鮮で、賛美歌の歌詞もこんなに素晴らしかったのかと改めて思わされているの。みんなに祈られているでやのう（福井の方言）」と感謝していました。

また、治療のために大きな息をしなければならないときには「『イエス様、イエス様』と言うと、うまくできるの」と喜んでいました。

教会の婦人会で母の創作人形展を開いていただいたのは、母が召される十日前のことでした。私は神奈川から駆け付け、癌でゴツゴツしていた母の胸に手を当てて祈りました。

別れ際に母は私の腕をさすりながら「毎日、生子のメールを泣きながら読んでいるんや。来てくれてありがとのう」と言いました。

私は「これからも毎日メールを送るね。四六時中祈っているからね」と言って別れました。

母が病気になってからは、毎日のように電話で、聖書の中から教えられたことや、日々の感謝な出来事などを語り合いました。

母は私に、「すべてのことに感謝することが、幸せに生きる秘訣」であることを病床の中からも教えてくれました。

最後は、父から「腹水がたまって呼吸をするのも困難になっている。治療も無理らしい」と聞き、何と言葉をかけて励まそうかと祈りつつ電話すると、「生子、大丈夫や。二千年前にもう癒されているのだから……」と言われ、私は驚きました。

どんなときにも母の心に平安を与えてくださっている神様に感謝しました。

イエス様が私たちの罪のために十字架にかかり永遠の命を与えてくださった、あの二千年前に完成された信仰に立って生きてきた母の姿勢に感謝しました。母は永遠の命を与えられていることの確信と平安に満たされ続けていたのだと思います。

私が神奈川から駆け付けた翌日、母は召されました。病室の母の枕元には、直ちゃんのほほ笑んだ写真がありました。

病気を通して

佐知子

私が入院しました折には、教会の方々や幼稚園の先生方だけでなく、園児たちまでお祈りいただいたそうです。また、娘が通っております教会では、先生をはじめ、お顔も知らない方々が、熱い祈りを捧げてくださっていることを聞

いて感謝しています。

私は多くの方々に祈っていただくばかりで、自分自身のためにどれだけ祈ったかと申し訳なく、不信仰を思い知らされました。

神の言葉である聖書は、私たちに確かな希望と平安を与えてくださいます。

私は自分の病気を通して、聖書の言葉に支えられて祈ることの大切さ、となしの祈りがいかに大切であるかを教えられました。

病気を通して私を造り変えてくださっているイエス様に感謝しています。

生かされている今日を感謝しつつ、神様の御心に委ねていきたいと思っています。

《聖書の言葉》

生きるにも死ぬにも

私の身によって、キリストがあがめられることです。

（ピリピ人への手紙一・二〇）

母の思い出「四十五年の歩み」

生子

母は、青春時代苦しみ悩んできたことが、神を神としない自己中心な罪のためであったことを認め、イエス様が母の身代わりになって十字架上で罪の代価を払ってくださったその愛と赦しを感謝し、涙ながらに悔い改めたのです。この体験こそが、四十五年の歩みを感謝しながら生きてきた母の原点だったのです。

母はいつも「自分のような愚かな者を選んで、神様は尊い救いの中に加えてくださった」と喜んでいました。

《聖書の言葉》

あなたがたがわたしを選んだのではありません。わたしがあなたがたを選び、あなたがたを任命したのです。

それは、あなたがたが行って実を結び、
そのあなたがたの実が残るためであり、
また、あなたがたがわたしの名によって
父に求めるものは何でも、父があなたがたにお与えになるためです。
（ヨハネの福音書一五・一六）

四十五年の歩み

佐知子

私が初めて教会に行ったのは、坪田ふとん店の二階で「伝道所」と呼ばれていたころでした。座布団に座って賛美歌を歌っている光景が、とても新鮮で新しい世界でした。また温かいものを感じました。

坪田のおじさんのお話は、私の心の目を開いてくださいました。「イエス様の救いは必ず分かりますからね」と言われたやさしくも力強いその一言を今も忘れることはできません。

主人に引っ張られてのアップアップの信仰でしたが、四十五年間守られてきたことは、ひとえに「神様の恵み」です。

すべてのことには目的があり、さまざまな試練や苦しみに会う度に新しいことを学ばされ、少しずつ信仰が強められてきました。

試練を通してしか得られない神様の恵みをいただきました。健康も病いも神様のご支配のもとにあり、それらすべてのことを益に変えてくださる神様が共におられることを感謝しています。

私のために命を捨ててくださったイエス様に、何があっても感謝と賛美を捧げ、神様の御心に委ねていきたいと願っております。

古希祝（2014年8月13日）

《聖書の言葉》

私たちの主イエス・キリストの父なる神、慈愛の父、すべての慰めの神がほめたたえられますように。神は、どのような苦しみのときにも、私たちを慰めてくださいます。こうして、私たちも、自分自身が神から受ける慰めによって、どのような苦しみの中にいる人をも慰めることができるのです。

（コリント人への手紙第一　一・三、四）

如鷲教会献堂式（1967年）

坪田ふとん店伝道所

坪田利作兄　「坪田ふとん店」での礼拝

1923（大正12）
　植松英雄牧師（東洋宣教会ホーリネス教団より派遣）
1924（大正13）
　坪田利作兄 東京牛込ホーリネス教会で洗礼を受ける。福井に帰り「米沢ふとん店」で働くかたわら牧師と共に伝道し、如鷲教会の基礎を築く。
　太平洋戦争により 牧師が投獄されて教会は解散する。
　終戦後、バラックを建て、ふとん店を再開。日曜学校・中学生バイブルクラスを開き伝道活動を再開。
　多くの子どもが集まり、大人の集会も開始。
1967（昭和42）
　現在の日光町に教会堂を建築。光の子幼稚園を併設。
1980（昭和55）　坪田利作兄 召天。
2003（平成15）　新園舎が建設され、学校法人になる。
2018（平成30）「認定こども園　光の子」へと成長。

※聖書の中でイエス・キリストが、信仰を同じくする者は兄弟姉妹であると言われているので、私達は兄弟姉妹と呼び合っています。

光の子幼稚園開園式（1968年）

現在の「認定こども園　光の子」

伊藤家の家庭集会

3人の子どもたち

家庭での祈り

運動会親子競技　次女 直子と

佐知子と次女 直子

義父母　泰·よしを洗礼式

日曜学校遠足　三国海水浴場

教会での演奏会

光の子幼稚園　運動会

婦人会の家庭集会 前列左から佐知子・義母よしを

金沢大学病院への道

孫 正貴の洗礼式

光の子幼稚園　入園式

教会学校でのお話（2014年8月）

教会学校でのお話

家族で　2014年9月（召天３ヶ月前）

教会聖歌隊　2014年3月

幼稚園クリスマス会

創作人形展　召天10日前

子育てについて

母の思い出「しつけは？」「教育は？」

生子

私は父母の祈りの中で育てられました。

三人兄妹の真ん中だった私は、小さいころなぜか、いらいらしては親を困らせていました。そんなとき母はきまって私の頭に手を置いて祈ってくれました。すると「悪かったなあ」と自分で反省していました。

母は私たちを寝かせつけた後、夜遅くまで礼拝の週報や集会案内のチラシなどにカットを描き入れて刷っていました。朝起きるとインクの匂いがしていたのが懐かしく思い出されます。また、教会学校の子どもたちにお話しするために得意な絵を描いて、聖書紙芝居やペープサートを楽しそうに作っていました。

私が「お母さんはいいなあ。何でもできて」と言うと、母は「学生時代、授業中に絵ばかり描いてたでや。それに何でもできるというより、好きなことがいっぱいあるだけなの。文章や絵を書くことも楽しいし、子どもたちに聖書の話をすることも会計やら事務の仕事も。粘土も絵も……どれもみんなみんな大好きなんや。時間があれば一日中でも飽きないわ。好きなことをさせてもらって、神様に用いていただけるからありがたいのう」と喜んでいました。

母はいつもやさしくて穏やかで人と争った姿を見たことがありませんでした。そんな母が口にしていた言葉があります。

「イエス様からいただく永遠の命に関係のないことなら、意見の違いがあっても争うことはないの。相手がよいと思えばそれでいいの」「何があっても最善」等々……。私は落ち込みそうになったとき、母のそんな言葉を思い出しては励まされています。

自分が親となった今、私も神様から託された子どもたちのために「いつも喜んでいる」優しく穏やかな母になりたいと願っています。

「しつけは?」「教育は?」

佐知子

私には三人の子どもがいますが、宿題をさっさとしてくれなかったり、けんかをしたり、叱れば反抗したり、一番下の子は体が弱く、私はそのことを分かっていながら苛立ち、思い煩いが先に立ち、子どもを育てることの難しさを痛感させられました。

そんなある晩、おしっこと歯磨きをし、順番にお祈りをして寝る習慣にしているのに、ぐずぐずし、上の二人も喧嘩を始めたので、二階にいた主人が降りてきて上の男の子を押さえつけていたら、一番下の女の子が布団の上にパジャマ姿でちょこんと正座し、一人ひとりの名前をあげて祈り始めたのです。その姿に私の苛立ちは消え、喧嘩をしていた上の二人の子をはじめ家中が一緒に祈り始めました。

私はこの騒々しい雰囲気をよそに祈る幼な子の単純で素直な信仰を見せられ、

はっと自らを反省させられたのです。この体の弱い娘の動作に苛立ち、どうして?とつぶやきかねないような私に、神様はこの幼な子を通して鋭く教えようとしておられる神様の愛を知りました。そして、体に優る大きな賜物をこの子に与えておられるのだと知らされたのです。

「しつけは?」「教育は?」と思い煩うことより、「いつも喜び、絶えず祈り、すべてのことに感謝する」私自身の信仰こそ最も大切なしつけであり、幼い信仰を育てる唯一の手助けなのだと教えられました。

朝早く起きて、何をするよりも前に先ずひざまずいて、神様に託されているこの子どもたちの魂のために祈る日々が与えられています。

「思い煩い」から「いつも喜んでいる」への転換を求めることに、ようやく腰を上げ始めた愚かな母親なのです。

《聖書の言葉》

いつも喜んでいなさい。

絶えず祈りなさい。

すべての事について、感謝しなさい。
これが、キリスト・イエスにあって
神があなたがたに望んでおられることです。

（テサロニケ人への手紙第一　五・一六～一八）

思わぬ収穫

佐知子

私は、子どもたちが通っている湊小学校の新聞を書かせていただいていますが、その他からも頼まれて書くことが多く、毎日のように何かを書いています。幸いなことに、必ずどなたからも「書くことをどこかで習いましたか？」と聞かれます。そのとき、「私は永年、教会のご奉仕をさせていただいて書くことに慣れているだけなのです」と答えます。

昨年、長男の泰信が「僕、洗礼を受けたい」と言い出しました。泰信は小学四年生ですが、『同じ教会で洗礼を受ける三﨑のお兄ちゃんが大好きだから、いつもくっついているので一緒に受けたい気持ちなのかしら』と思いました。本人は違うというのですが。

私の家ではヤクルトを取っていますが、福井の豪雪のため、配達が二日か三日に一度となり数が増えてきますと、とうとうヤクルト泥棒が出現しました。我が家でも何度か盗まれましたので、泰信が「ヤクルト泥棒をつきとめるんだ」と朝早く起きて来ました。ところが、その日は配達のない日だったのです。「せっかく早起きしたのだから洗礼の準備のときにしよう」と、父親と一緒に聖書を読み祈りました。

朝弱い子ですが次の日からは毎朝自分で早起きして洗礼の準備のときを持っています。すると妹の生子も「私も起こして」と言うことで仲間に入っています。ヤクルト泥棒のことによって、素晴らしいときがもたらされました。

《聖書の言葉》

神のなさることは、
すべて時にかなって美しい。

（伝道者の書三・一一）

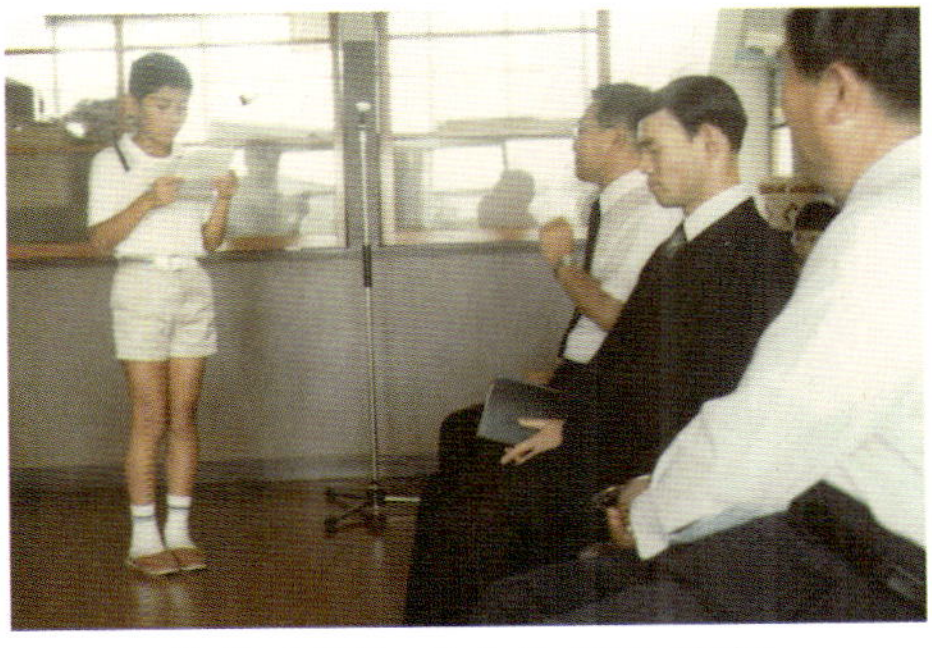

洗礼の証しをする長男 泰信

聖書の言葉を実感し感謝しております。

生子はいつもおじいちゃんと散歩に行きます。生子は、「おじいちゃんと散歩するときにはコツがあるの。おじいちゃんは、戦争、たばこを止めたこと、孫のために貯金していること、この三つの話を繰り返すけど、黙って歩いたらあかん。何回でも聞くの。同じ話を何回言ってもいいじゃない」と言います。おじいちゃんがちょっと汚い手でミカンの皮をむいてくれても、生子は食べます。これは生子にしか務まらない仕事です。

何になれなくても、いいお嫁さんにはなれると思います。

子どもたちが、次々と悔い改めて洗礼を受けさせていただけますようにと祈っております。

洗礼の証しをする長女 生子

「内緒にしてね」

佐知子

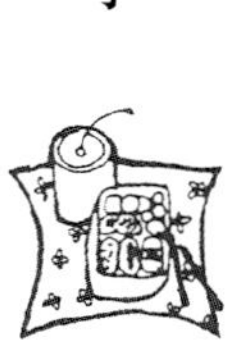

一番下の直子が、早いもので今年は小学校に入ります。

私たちは直子を通して神様の愛と憐れみを見させていただいて参りました。

昨年のことですが、直子は縄跳びが一回しか跳べないので、二回続けて跳べるように練習していました。そんな夕方、直子は閉め切った部屋で何かをしているようなので覗いてみますと、ぺたんとお座りしてお祈りしては根気よく跳ぶ練習を繰り返していました。しばらくして私が声をかけると、恥ずかしそうに「内緒にしてね」と言いました。

祈っては事に当たるという幼な子のような信仰を持ちたいものだと、私はそのことを通して教えられました。

ある夕方、私が台所で炊事をしていますと、直子が来て「お母さん」と声をかけてきたのですが、私は忙しいので「ハイハイなーに？」と面倒くさそうに答えたのです。すると直子は「私、今までに三つの悪いことをしたことがあるの」と言うのです。「それはどんなこと？」と尋ねると、一つは「お姉ちゃんの絵葉書を無理に取ろうとして泣いたこと」、もう一つは「幼稚園で体操の時間なのにお喋りをしていて叱られたこと」三つ目は、やはり「幼稚園でお話を聞く時間なのにお喋りをしていて叱られたことなの」と言うのです。私は「三つ悪いことをしたってよく覚えていたね。それなら、どうしたらいいの？」と言いますと、「お二階でイエス様にお祈りして来るから絶対に来ないで」と言って二階に上っていきました。

しばらくして戻って来ると、「イエス様にごめんなさいをしたの。天国に行けるんでしょ」と言うのです。私は「イエス様は必ず直ちゃんのお祈りを聞いてくださるよ。天国に行けるよ。よかったね」と言って一緒にお祈りしました。この三つの悪いことというのは、もし大人だったらもっと数多く罪深いことを取り上げなければならないと思います。

親の目から見ると、本当に頼りなく、どこまで物が分かっているのかと思われる小さい子どもでも、神様は「罪」というものを分らせてくださるということとを知り、感謝しました。

私はこの子には本当に強い信仰の持ち主になってほしいと思うのです。

そして成長したとき、「私の体の弱いことは、私にとって恵みでした」と証しできる子になってほしいと祈っております。

幼子のような心を

佐知子

直子は今年三年生になりました。手足が弱いために周りの人にかばってもらっていましたが、運動能力にも差がついてきてたいへんなところにきています。

おまけに学校では笛を習うのですが、笛は小さな穴に、一本一本指を確実に当てないと音が出ないので、直子には不可能なのです。それが中学校まであります。負けず嫌いなのに努力してもできないときにどんなに辛いだろうと思うと、胸が押しつぶされるような思いがして、笛を

次女 直子のお誕生日（母の手作りケーキでお祝い）

買った日、思わず泣いてしまいました。

ところが、当人の直子はまったく悩んでいないのです。新しい笛を買って大喜びしています。

この前も、四人一組でリレーをしたとき、「四番目に私が走ったら、だんだん遅れて、とうとうビリになったの」と、直子はニコニコした顔で話すのです。私なら、せっかく一位のところを自分のせいでビリというのは、いたたまれないと思うのですが、いつもニコニコ笑顔です。

神様が直子に臨んでくださっているのだと感謝しました。


振り返って、私は良い母親ではありません。浮き沈みのある不信仰な者ですが、いつも神様の助けを求めつつ、その時その時、私のできる精一杯をもって神様にお仕えしていきたいのです。

私の洗礼

次女　直子

私は小さいころから体が弱かったので、たくさんの人たちに祈ってもらい、自分でも祈っていました。神様はいつもどんなときでも私を守ってくださいました。でも私は悪い心を持っていて、腹を立てたり、うそをついたり、いらいらしたりして数えられないほどの罪を犯していました。一年生のとき、自分のした一つ一つの罪を思い出してみました。そして自分のしたことを反省し罪の悔い改めをしました。

ところがある日、夢の中で自分が誘拐されるところをテレビで見てしまいました。はじめは信じられなかったけれど、次にテレビの中にイエス様が出てきて、「今言ったことは本当なのです」とおっしゃいました。その夢を見てから、私は恐くて恐くてたまりませんでした。それから私は元気がなくなってしまいました。私はずっと夢のことと自分の罪のことを考えていました。

それから三日後、お父さんが「洗礼を受けたいのか？」と聞きました。私は「うん」と返事をしました。それは、イエス様が出てきたあの夢は、イエス様が「洗礼を受けなさい」と言われたことだと分かったからです。そして、四年生の夏に東尋坊で洗礼を受けました。

私は六年生です。洗礼を受けてから二年以上も経ちます。

教会学校に友だちを一生懸命誘っています。

私の好きな聖書の言葉は「光の子どもらしく歩みなさい」（エペソ五・八）です。

どんなときでも、神様を信じて祈ることはすばらしいことだと思います。

洗礼の証しをする次女 直子

母の思い出「毎日家庭礼拝」

生子

私が物心ついたころには、毎週火曜日の夜、我が家で家庭集会が開かれていました。牧師をお迎えし、近所の方や教会員の方々が十数名出席してくださいました。父が「信仰の旗印は明確にしよう」ということで、母は集会案内の大きな看板を作り、家の塀に貼りました。

集会後は、母手作りのお菓子と楽しい語らいのひとときもあり、家庭集会を通して洗礼を受けた方々もおられます。

また、夕食後の家庭礼拝では、家族みんなで賛美歌を歌い、聖書を輪読してお祈りする毎日でした。私は見たいテレビ番組が見られないことを残念に思った時期もありましたが、振り返ってみると、毎日の家庭礼拝によって神様第一の信仰の姿勢が生活の中にとけ込んで徹底していたように思います。

母が召されて、父は一人福井県に暮らすようになりました。私の家族は毎晩母が召された後、時間を決めて、父と私の子どもたちとテレビ電話で顔を見ながら、一緒に賛美してお祈りする時間が与えられています。

愛する母を天国に送り、寂しい時期を過ごす父とのこの親しい交わりのひときは、神様から与えられた至福の恵みだと心から感謝しています。

毎日家庭礼拝

佐知子

我が家の家庭教育については、これと言ったことはしてきませんでしたが、ただ一つのことをしてきました。

「主イエスを信じなさい。そうしたら、あなたもあなたの家族も救われます」という聖書の言葉に望みを持ち、主人と共に祈り続けてきたことです。

私の家は主人の両親と私たち夫婦に三人の子どもたちの七人家族です。

我が家で心がけてきた第一のことは、日曜日の礼拝を厳守することです。子どもたちが小さかったときは膝の上で眠ることが多かったのですが、礼拝を守ることの大切さを身体をもって子どもたちに教えてきました。仏教に熱心だった両親も、次第に私共夫婦の信仰に同意してくれるようになり、やがて自ら進んで洗礼を受け、今では三人の子どもたちも洗礼を受けて家族全員がクリスチャンになりました。礼拝厳守を続けてきたことが良かったと感謝しています。

第二のことは、毎日、家庭礼拝を持ってきたことです。家族全員で毎日聖書を読み、家庭礼拝を通して家族が一つとなって祈り合い、神様の愛を知らされたと思います。

第三は、毎週一回、家庭を開放して聖書を学び親睦を図る家庭集会を持っていることです。子どもたちは物心つかないときから一緒に加わり、神様を中心にしたクリスチャン家族としての意識も深まり、聖書の言葉に耳を傾ける姿勢を養ってきました。

第四に、子どもたちを修養会やキャンプに積極的に参加させ集会や奉仕の場を体験させたことです。子どもたちも成長にするにつれて多くの問題に直面します。そんなとき一緒に祈ってあげられる幸いは、親として本当に感謝でした。

私共は知恵も力もなく、良い教育や躾をすることもできませんが、ただ子どもたちが神様を信じて従う者として祝福された日々を過ごせるように祈り続けてきたことが、私共の家庭教育だったと言えるのではないでしょうか。

《聖書の言葉》

若者をその行く道にふさわしく教育せよ。
そうすれば、年老いても、それから離れない。

（箴言二二・六）

あなたもあなたの家族も

帆柱を倒して

佐知子の父　文夫

私は娘の嫁ぎ先の伊藤家の家庭礼拝に誘われて、時々顔を出していましたが、いつのころからか、如鷲教会の礼拝にも出席させていただくようになりました。〝ただ信じなさい。信じる者は誰もみな救われん〟と聖歌四二四番に歌われています。

一日も早く神を信じ、幸福な喜びと感謝の生活に入りたいと思いながらも、私は心の決断が着かないまま、いたずらに月日が流れて今日に至りました。

そこで私はキリスト教に関する書物を手当たり次第に真剣に読みふけってみました。しかし、私の信仰心には、何等の変化も発見することができませんでした。

そんなある日、先生が、「信仰とは、知識や理解を超えたところに働くものである」と教えてくださいました。また〝キリスト教案内〟の中で、「理解される神は神ではない。思索や理論で神を知りたいならば、頭ではなく、口で告白し、心で信じ、主イエスにお願いするならば、必ずキリストは答えてくださるであろう」と教えておられます。

私が素直に神を信じ切ることができなかった最大の原因は、私の心の中に巣食っている『自我』でした。

羽鳥明先生は、「人生航路」という本の冒頭に、「帆かけ船で航海して、大嵐にあったとき、熟練した船頭は、帆を取りはずし、帆柱を倒すのだそうです。帆柱があるために、却って船は嵐にもまれて転覆するのです」と書いておられます。私も、自我という帆柱があるために、信仰生活という航海ができなかったのです。

だから、帆柱である自我、即ち我執我欲、うぬぼれ、不平不満という心の帆柱を切り倒して素直に、信仰生活の航海に出航しなければならないのだと気付きました。否、気付かせていただきました。

「心を入れ替えて幼な子のようにならなければ、神の国に入ることはできない」と聖書は教えています。

今こそ私は、自我という着物を脱ぎ捨てて、幼な子のように純真な素直な心を持って、主イエス・キリストの愛と恵みにすべてをお任せして、永遠の生命を得て、喜びと感謝の生活に入りたいと存じます。

先生は言われました。

「ＮＨＫや民放の電波は、空中に充満しているが、これをとらえるのは受信機である。広大無

佐知子の父 文夫を囲んで

遍のキリストの愛、恵みは、天地に充満しているが、このキリストの放つ電波をキャッチするのは、人間の熱い信仰心、清い宗教心である」と。私たちは、立派な受信機となりたいものであります。

《聖書の言葉》

人が義と認められるのは、律法の行ないによるのではなく、信仰によるというのが、私たちの考えです。

（ローマ人への手紙三・二八）

これからも、ご指導と祈りを切にお願いしてやまないものであります。

母の思い出「久枝の涙」

生子

母は祖母の余命宣告を受け、病院へ通い付き添って看病し、毎日五分ほど聖書のお話を語り聞かせていました。それまで頑固に拒み続けてきた祖母は、まるで嘘のように母の話に耳を傾け、信仰について質問するようになりました。二カ月ほど過ぎたある日、母は私に「おばあちゃんは、イエス様を受け入れたよ」と嬉しそうに言いました。母の話を聞いていた祖母が突然涙を流して罪を告白し、「永遠の命が与えられたことを信じます」と言ったそうです。

母は「嬉しくておばあちゃんと手を取り合って泣いたの」と話してくれました。

祖母が召されたときのことを思い返し、「もっと祈りを」と題して書いた母の文です。

「母の死までの数カ月ほど緊迫した気持ちで切に祈り、聖書の言葉を伝えたことはありませんでした。

母は私の拙いメッセージを聴いてくれました。

そして思い出すように一つひとつ罪を悔い改めたあと、『こんなに悪い状況なのにどうして平安なのかしら』としきりに不思議がりました。

その時の母の声と涙が私の脳裏にあまりに鮮明なので、神様が生きて働いておられることを確信することができるのです。

平穏で怠惰な昨今、もっと緊迫感を持って身近な人のために祈りたいと願っています」

久枝の涙

佐知子

母が亡くなりましてから一年になりました。それまで母の死というものは、いつか経験しなければならないこととして漠然としたものでした。普段から弱々しい人なら考えられますが、体格も良く、私より活発に飛び回っていたので、召されるのはまだ先のことだと安心していました。お腹が痛いと言っても、ただの腹痛か便秘で、今に治るだろうと思っていました。

主治医の先生から「癌です。あと二ヶ月の命です」と宣告されたときは、頭をガンと殴られた思いでした。

母は、子どもたちが巣立ってしまうと、自分は拠り所を失い、お茶や華道の世界で活躍することを楽しむようになり、定年退職した父が心の糧を得るようにと、教会に行くことを勧めるようになりました。

母は父には勧めるものの、「自分は行かない。行けばのめり込んでしまうから」と言うのです。つまり、キリストはいいと認めるが今はまだ、というよくあるケースでした。

ところが、亡くなる一年ほど前あたりから父が教会に行くことさえ嫌がるようになり、ついには牧師が訪問することさえも拒むようになりました。「用があれば佐知子に託けてください」ときつい剣幕だったと聞いています。私たちが訪ね、主人が「一緒に聖書を輪読しましょう」と言うと、いやいやながら読んでいました。

余命二ヶ月という限られた時間、母親の病状ほど悲しく切ないものはなかったと思います。その期間、毎日母を看病することができたことは感謝でした。クリスチャンである私は、母を励まし祈り続けました。しかし、牧師や教会を嫌がる母を救いに導くことは不可能なことのように思われました。

しかし、神様には不可能なことはありませんでした。

教会ではみんなで祈って支えてくださいました。私は教会学校のお話を準備するように、毎日話す聖書箇所を開き、「今日、私は何を成すべきでしょうか」と祈りました。私はあえて「死」について「悔い改め」について、例を挙げて伝えました。信仰生活始まって以来、これほど集中して聖書の言葉を語ったことはありませんでした。不思議なことに母はよく聞いてくれました。

初めは主人が祈ると、「一夫さん、もういい」とはっきり拒んでいましたから、神様が働いてくださったことが分かりました。牧師が度々訪問されても、にこやかに迎えるようになりました。

母が入院するとすぐ、京都に住んでいる長男の所へ行っていた父が帰ってみると、にこやかにしている母を見て驚いていました。あれほど拒んでいた牧師とベッドに座って祈っていたからです。

母は、結膜の手術をして治ったと思っているところへ激しい痛みに襲われて再入院しなければならなくなったとき、自分の病気が癌であり死期が近いことを感じていたようです。身の回りの整理を始め、預かっていたお茶の会計の帳簿を整理して引き継ぎをしました。長男に父を頼むと言い、父には長男の言うことをよく聞くようにと言い残しました。私が母の年譜のような「古稀の歩み」を印刷した記念誌を棺桶へ入れてくれるようにとも言い残しました。

それから、牧師の導きによって信仰告白をしたときには、まるで吸墨紙にインクが染み込むように一つ一つの聖書の言葉を受け入れ、自分の罪を洗いざらい話し、涙を流して「イエス様、ごめんなさい」と悔い改めました。それは、とても我が子に聞かせたくないことだったと思います。それからの母は平安でした。

母は「病気はどんどん悪くなっていくのに、どうしてこんなに平安な心でいられるのか不思議ね」と自分でも何度も言っていました。それればかりでなく、「信仰は理屈ではない。不安なときには、『神様、平安をください』と祈りなさい」と、信仰暦十年の父に説教して父を驚かせました。

正に、神様は母を百八十度大転換させてくださったのです。人にはできない不可能を可能にしてくださったのです。

私たちは母の救われたことを信じて、教会の墓に納骨させていただきました。

《聖書の言葉》

人間には、一度死ぬことと死後にさばきを受けることが定まっている。

（ヘブル人への手紙九・二七）

神様は滅ぶべき私たちを救うために、イエス・キリストを与えて下さり永遠の命をくださるほどに、私たち一人ひとりを愛しておられ、世の終わりまで共にいてくださるという聖書のお約束を確信しました。

イエス様を信じる者は、たとえこの肉体は滅んでも栄光の体に変えてくださり、御国で再会し、永遠に神様と共に過せることを感謝しています。

旗印は鮮明に

佐知子

私が住んでおります町内は、お年寄りが多く根強い仏教の習慣を基本としての生活ですから、キリスト教に反感を持たれ、両親が信じるまでの八年間は、礼拝や集会に出させてもらうために、気を使って生活をしなければなりませんでした。

両親の方もそうだったと思います。

私たちがクリスチャンであるために、私との結婚が決まった段階で、ご近所から「仏壇はどうするのか」「ヤソの嫁をもらったら仏壇は継がないし、息子まで取られてしまうだろう」と言われる訳です。両親が私たちの結婚を認めることによって、私たち以上に風当たりが強かったと思います。

両親が信仰を持ちましてからは、同じ思いでいられますから、こんな感謝なことはありません。

一つの例を申しますと、お祭りがあります。神明神社の区域ですから、三年に一度は当番が回ってきまして、子どもは踊りや山車（だし）に出ますし、大人も行列にかり出されます。

私たちクリスチャンは、「お祭りも一つのお付き合いだ、子どもには遊びの一つだ」と言ってしまえばそれまでですが、一つ妥協してしまいますと、次々と許されていくという気分になってしまいます。

これまで断ってきましたが、すぐには理解してはくれません。「クリスチャンはどうして山車はいけないのか。キリストって難しいんやのう」と非難されます。そんなときはお詫びし、お願いする、という姿勢で出なければなりません。町内会長さんにしてみれば無理もないことなのです。子どもの数が減っている中で、三人の子持ちの私のところが出ないというのですから、ご迷惑なことは間違いありません。ですからお祭りの何ヶ月も前に町内会長さんのお宅へおうかがいして、「お祭り以外のご協力は何でもいたしますから、これだけはご容赦ください」と頭を下げてきます。

その代わりに仕事が忙しく回ってきます。主人はスポーツ少年団のお世話をしていますが、毎朝五時半に起きて子どもたちのソフトボールのコーチをする仕事があります。

ところがスポーツの試合などの行事は、みんなが休む日曜日にありますから、礼拝だけは守るので、結局すべてお断りすることになります。

これはお祭りや町内の行事だけでなく、職場でも学校のＰＴＡのご奉仕についても同じことだと思います。

礼拝だけは守る神第一の生活をするなら、誰にでも直面する信仰の戦いだと思います。

批判もされてきましたが、結果的には「お宅はいいご家族ですね」と好意的に接してくださることを思いますと、ひとときは反感を持たれたとしても、神様の前に態度を崩さなかったことが、神様を証しする機会になるのだと思います。

人を恐れずに信仰を表すとき、神様は最善をなし、祝福を与えてくださるのではないでしょうか。

「オール五」でなくても

佐知子

父は明治生まれの几帳面な人でした。四十年間、小学生の子どもを相手の仕事をして参りました。昔のことですから、今とは違ってずいぶん子どもたちと親密だったような気がします。新しい教科書が配られると、一人ひとりに筆で、恥ずかしいぐらい大きな字で名前を書いたそうです。大きな歴史の年表を書いて、「おい、徹夜して書いたんやぞ。いいやろう」と、いつものだみ声で言ったと聞いています。

子どもと同じ高さになれる人でした。そういう意味では、教職は父の天職だったと思います。

ところが、一端定年を迎えて教職を退いてみますと、陸に上った魚ではありませんが、至って世渡りが下手で、不器用で悩むことが多く、思い煩っていたようです。

そういうことから母にも勧められて、教会に来るようになりました。「イエス様だけが救い主」であることが分かり、信じましたが、信仰生活においてもオール五にならなければと、自分で決めた聖書箇所を読んで「よろしい」と自らハンコを押して納得する、という風でした。長い間に身についた習慣は抜けないようです。

イエス様は幼な子のようにひたすら召されるまで神様を求め続けた父に、「オール五」とはいかなくても、及第点をくださったと私は信じています。

神様は生まれる前から父を選んでくださり、共にいてくださいました。特に母を亡くしてからは父を慈しんでくださいました。

父は仏教信者ばかりの親戚の中で「お葬式は教会で」とはっきり遺言を残して召されました。

その陰には、何よりも十三年間の信仰生活の中で、よき交わりをしてくださった教会の皆様の熱いお祈りがあったことを心より感謝しております。

母の思い出「仲良しの嫁舅」

生子

母は結婚当初から祖父母（父の養父母）と同居し、生活のすべてを共にしていました。祖父母が洗礼を受けたとき、母は泣いて喜んでいました。祖父は、毎週歩いて礼拝へ出かけ、日課の家庭礼拝を催促するほどでした。「家中キリストになりましたんや」、「ありがたいなあ、天国に行けるんやでなあ」と、言っていたことを覚えています。

母は祖母とよくお喋りをしていました。台所から二人の笑い声や歌声が聞こえてきたものです。祖母は目が悪かったため、出かけるときはいつも母が祖母の手を繋いでいました。

祖母が高齢になってからは、老化防止のためにと言って母はクイズを出して楽しませ、祖母はあまりにも笑い過ぎて本当に顎が外れたことがありました。晩年祖母は、母のことを「お母さん」と呼び、頼りにしていました。

いつも褒めてくれた義父

佐知子

主人の父はひたすら孫をかわいがり、家族のことを思ってくれました。孫に手を引かれて散歩をし、孫と一緒にお風呂に入るのが何よりの楽しみでした。お風呂に入るとなかなか出てきません。高齢で少々物忘れをしますので、「もう済んだよ」と子どもが言っても、「まだまだ」と言って何回も浸からせ、何回も洗ってくれるので、出てきたときには茹だこみたいに真っ赤になっていましたが、いっしょに入るのが本当に嬉しそうでした。

いつも繰り返して同じ話をにこにこして話すので、私たちはまたかという思いで聞いていましたが、今になって思い返すと、ひと言ひと言が、なるほどと折に触れて重みを持って思い返され、今度は私が子どもたちに同じ言葉を聞かせることがあります。

父について私の心残りは、母とは女性同士共通の話題が多いですから、よくお喋りして笑わせたりしましたが、父とは一方的に話を聞くという感じで、母とのように親しく話せなかったなあと思い返します。そんな私のことを父は、「佐知子はいい嫁だ」と言ってくれ、周囲にも言いふらしていたことを本当に申し訳なく思います。

父はいつも、口癖のように「人間は真面目でさえあれば間違えない」と言っておりました。

お米屋をしていた父は、お米を手で量ってから、必ず一掴みのお米を余分に入れて配達するというほどでしたから、やはり見ている人は見ていて、正直者と認められ、多くの人から助けられていたと聞いています。

ところが、教会に来るようになって「罪」というものが分かり、真面目だけでは救われないことを知りました。「悔い改めてイエス様を信じ受け入れなければ天国に入れない」と知ったとき、はっきりとした信仰を持ち、お寺さんとのお付き合いを断り、煙草を止め、仏壇を壊し、位牌を預けるということを、父自らがいたしました。

福井は昔ながらの仏教の土地柄で、クリスチャンホームを持つ上には、若い夫婦の分も一番風当たりを強く受けたのは、父ではなかったかと思います。

「若い者の言いなりになるのか」「酒も煙草も飲まん者は人間ではない」と人から何を言われても、父ははっきり「私はもうアーメンになったんです」「家中キリストになりましたんや」と、言っていたことを思い出します。

父の祈りは単刀直入でした。

「寿命のある間は健やかにしてください。寿命が終わったら天国へ行かせてください」そういう父の単純な信仰に、神様は豊かに報いてくださったと信じています。

信仰を持ってからの父はいつも平安でにこにこして、召されるまで家族のことを考え祈ってくれていました。

私たちは繰り返し聞いていた父の言葉を忘れず、父のように「天国へ行かせてください」と祈りつつ、信仰生活に励みたいと思います。

義母とのスキンシップ

佐知子

主人の母が召されて一年以上経ちましたが、今でも何か物音がすると、母が呼んでいるような気がします。外出しても一時間以内には帰らなければと時計を見てしまいます。

これは私だけでなく、周りの方々もそう思ってくださるようで、長い間の習慣はそう簡単には抜けないものです。

二十五年前、私が初めて母に会ったとき、母は既に目を患っていました。ですから、出かけるときはいつも私の腕を借りてくれました。義父との間には舅としての距離がありましたが、母の場合ありませんでした。母が信仰を持ってからは、より身近になったように思います。

クリスマス祝会　義母よしをと

母は「箸が転んでもおかしい」人で、聖書を輪読するときなど、舌を噛むような外国人の名前が並ぶと、吹き出して読めなくなったこともありました。私たちは母を笑わせようと、父との馴れ初めを持ち出してひやかしたり、クイズや歌で笑わせたこともありました。

母は晩年顎がよく外れましたので、整形外科へ行って入れてもらっていましたが、母が動けなくなってからは、私が入れられるようになりました。そんなこともあって手助けする機会が増え、スキンシップという点では子育てのときよりも多かったように思います。今でも母の顎の感触が手に残っています。

母は若いころはかくしゃくとして几帳面で、おでこの広いおでこ美人でした。和裁などもしていましたが、五十二歳のとき白内障を患ってからは、あまりできなくなりました。ですから、すべてのエネルギーを子どもたちや義父に注いでいたように思います。

長男の泰信が生まれたころ、私はまだ勤めていましたので、母に長男を預けて勤めに行っていましたが、やはり無理だということで、私は産休が開けて十日目に仕事を辞めました。それ以来、ずっと母と一緒に過ごしてきました。

ひょっとしたら、主人よりも長い時間を母と過ごしたことになるかもしれません。

考えてみると、「母がいますから」という大義名分のもと、私はいつも母の傍らで好きなことをさせてもらいました。幼稚園の会計や学校新聞を書けたのも、母のお陰でした。

母は朝晩必ず正座をして祈っていました。物忘れをするようになってからは、「さあ、寝ましょう」と何度も言っていましたが、忘れたのか、また正座をして祈っていることもありました。

長い間、母のために祈り支えてくださった教会の皆様に心から感謝しております。

時がよくても悪くても

母のノートより「感謝探しの達人」

生子

母は「感謝を数える」と題して、毎日「感謝ノート」をつけていました。

私はそれを読むたびに励まさています。どんなに小さなことでも感謝できること、それが神様からいただいている祝福なのだと思いました。

母の「感謝ノート」に書いていた『感謝探しの達人』を紹介します。

著名なマシュー・ヘンリーが強盗に遭い、金銭を奪われた日の日記に、このような言葉を書いています。

○第一、これまで自分は強盗に遭ったことがなかったことを感謝しよう。

○第二、強盗にお金は奪われたが、命は奪われなかったことを感謝しよう。

○第三、強盗は、私がそのとき持っていた物だけを奪って行ったが、それが私のすべての持ち物（全財産）ではなかったことを感謝しよう。
○第四、私は襲われた方で、私が襲ったのではないことを感謝しよう。
こう考えてみれば、私たちの回りには感謝すべきことが無尽蔵にあります。自分とって「好ましいと思えない出来事」の中にも、感謝すべきことが隠されています。
『感謝探しの達人は、人生の幸せ探しの達人』となっていくことでしょう。

《聖書の言葉》

何も**思**い**煩**わないで、あらゆる**場合**に、
感謝をもってささげる**祈**りと**願**いによって、
あなたがたの**願**い**事**を**神**に**知**っていただきなさい。
そうすれば、**人**のすべての**考**えにまさる**神**の**平安**が、
あなたがたの**心**と**思**いをキリスト・イエスにあって**守**ってくれます。
（ピリピ人への手紙四・六〜七）

「子ども会の皆さ～ん」

佐知子

一九八七年、当時の教会学校の教案「聖書の光」の特集に、「効果を挙げている公園伝道」と題して書かれた記事に深く示されるところがありました。

早速、教会学校教師研修会の講師として先生をお招きし、学ばせていただきました。

「公園へ出て行って楽しい歌をいくつも歌い、ゲームをし、最後に五～七分間短くメッセージを語る。子どもたちと一緒に祈ると、子どもの心に神様との間に回路ができる。ご褒美に手製のカードにつけて渡すと、くち込みで子どもたちがやってくる。心配した母親もついて来るので、父母の伝道にも役立つ一石二鳥です。イエス様も、パウロも、出て行って伝えたのです」との熱いメッセージに心動かされ、一九八七年十月より、日光公園では土曜日の午後四時から、照手公園では日曜日の午後四時から、公園伝道を開始することにしました。

車にスピーカーを乗せ「日光町の子ども会の皆さ〜ん」、「照手町の子ども会の皆さ〜ん」と声をかけ、約三十分間、キーボードやギターで伴奏して賛美歌を歌い、聖書のお話をした後で円形ドッヂボールをし、四色のカードに飴をつけて渡し、カードを四色集めた子どもにはご褒美を手渡しました。

スピーカーの声を聞きつけた教会学校の子どもたちが駆けつけ、遠巻きに見ていた近所の子どもたちを促す助けになりました。日光公園では平均出席数三十五名、照手公園では十六名が集まるようになり、十数年継続しました。

しかし、せっかく公園に来た子どもたちも、日曜日の教会学校にまでは結びつかないので、公園伝道の終ったあと、子どもたちに「クッキーを作りましょう」と牧師夫人が提案し、次第に公園伝道から「土曜学校」へと移行し、今も引き継がれ「ひかりくらぶ」として教会員の方々が交代で工作やお料理などの特技を活かしてご奉仕しています。

現在の教会学校は「ぶっとび礼拝」という魅力あるプログラムで盛況です。卒園児をはじめ父母同伴の幼稚園児など、三十名を超える子どもたちが集まり、教会学校教師たちによって交代で毎週聖書のお話が熱く語られています。

《聖書の言葉》
良い地に蒔かれるとは、
みことばを聞いて受け入れ、
三十倍、六十倍、
百倍の実を結ぶ人たちです。
（マルコの福音書四・二〇）

公園伝道風景（キーボードで伴奏）

大好きな光の子幼稚園

佐知子

昭和四十二年、大きな日光公園前に、小さな如鷲教会の新会堂がポツンと建ちました。まだ周りは田んぼや畑でした。

そして翌年に幼稚園舎が増築され、小さな光の子幼稚園が誕生しました。信徒伝道者の坪田利作さんの燃えるように熱心な信仰と祈りによって、神様は成し遂げてくださいました。

会計をしておられた牧師が東京に転任されることになり、信仰を持って間もない私が会計をさせていただくことになりました。その後、園児数も増えて、平成十五年、念願だった学校法人光の子幼稚園が設立されました。会計も、そろばんからパソコンでの計算になり、お給料も、手渡しでなくネット振込みに変わりました。

その間、私は病気の治療をしていましたので「会計をどなたかに変わっていただけませんか？」と申し出ましたが、なかなか変わっていただける方が見つかりませんでした。

卒園児のお母さんで、五十嵐さんという方が事務のお仕事をしてくださっていました。私はこの方こそ、神様が備えてくださった会計を引継いでくださる方だと確信してお願いしたところ、引受けてくださいました。彼女は、ツーと言えばカーと理解してくださる聡明な方であるばかりでなく、素直でとても控え目な方です。

幼稚園も、設立四十六年目になり、神様のタイミングは絶妙です。神様はいつも最善の道を開いてくださり、助け手を与えてくださいます。

《聖書の言葉》

人は心に自分の道を思い巡らす。

しかし、その人の歩みを確かなものにするのは主である。（箴言一六・九）

大好きな光の子幼稚園に永年携わらせていただいたことと、時宜にかなった助け手をくださった神様に心から感謝しています。

「世の光」放送伝道

佐知子

如鷲《じょしゅう》教会が出席していた「世の光」の放送の事務局になったのは二〇〇〇年です。当時水曜日の祈祷会に来られていたメンバーで分担しようということになり、梅田姉が長い間会計を担当し、中村姉は郵便局の私書箱九番からお便りを持ってきたり、プレゼントの手配などの働きをしました。祈祷会の後、みんなでプレゼントの発送の表書きをしました。私の担当は、通信講座の希望者に資料を送る係ですが、希望者は少なく私の仕事は暇でした。

その中で、二人の方が通信講座を長く続けられました。その中のお一人で、あわら市にお住まいの女性は、「たいへんな悩みがあり不安です」とのお便りをくださいましたが、そのうちに、「洗礼を受けました」と如鷲教会の礼拝にも一度お見えになりました。それから少しずつですが、前向きなお便りに変わってきました。最近のお手紙では「十年前から続けてきた通信講座は返信のスピードが少しずつ早くなり、聖書を読むことが楽しくて仕方ありません。返信が待ち遠しいです」と書かれていました。そんな風に楽しみにしておられるにもかかわらず、あと二回で通信は終了となりますので、本部に問い合わせてみますと、「あと一冊だけ小冊子があって十二課に分かれています」と言われましたので、「良かった。あと十二回延長できる！」と思い、早速送っていただくことにしました。

以前、「世の光」の放送を聞き逃した人が電話でメッセージを聞けるようにする働きをされていた方から、「テープが撮れなかったので、ご主人に五分間のお話を録音してほしい」と言われ、すぐに主人が録音しました。その日は、八十名余りの人がダイヤルを回して聞かれていたそうです。それを聞いておられた内の一人が、主人の教え子でした。彼女は「先生、聞きましたよ！」と教会に来るようになり、九頭竜川で洗礼を受けました。

それは偶然ではなく、主人がいつも生徒さん一人ひとりの名前を挙げて祈っていたその祈りに、神様が応えてくださったのだと思います。

これまで、数えきれない多くの方々が「世の光」の放送を聴いておられます。「一通のお便りの背後に、千人のリスナーがおられる」と言われるように、表に表れないところで「世の光」を通してイエス様を信じる方がおられると思うと、とても勇気づけられます。

《聖書の言葉》

主は、ある人たちがおそいと思っているように、
その約束のことを遅らせておられるのではありません。
かえって、あなたがたに対して忍耐深くあられるのであって、
ひとりでも滅びることを望まず、
すべての人が悔い改めに進むことを望んでおられるのです。

（ペテロの手紙第二三・九）

また会いましょう

ダビデ・マーチン宣教師 夫人 冨美子先生

生子

ダビデ・マーチン宣教師は、一九五一年に来日され、教会の少ない北陸の地を選んで開拓伝道を始めました。

一九九三年からは、ご夫人の冨美子先生と共に、教会が一つもなかった人口六万人の福井県の鯖江市に来られ、すべての家庭を対象にトラクトを配布し続け、個人伝道に力を注ぎ、ついに教会を建て上げました。

生前、母とダビデ・マーチンご夫妻とは、親しくさせていただき、折あるごとに交流していました。ダビデ宣教師が召されてからも、冨美子先生と母は親しくしていました。母が召された後、冨美子先生は母のことを「聖書の中に書かれているような女性（箴言三一章）」として書いてくださいました。

聖書に書かれているような女性

マーチン冨美子

私が佐知子姉と初めてお会いしたのは、二十年ほど以前の如鷲教会の修養会のときでした。

クリスチャンホームの良妻賢母の印象でした。修養会ではお楽しみ会の担当をされ、いろいろなアイデアで参加者を喜ばせてくださいました。よくもこんなに次々と泉のように豊かに湧き出てくるものだと感心したものです。

神様から、豊かな種々の賜物をいただいておられた佐知子姉は、惜しみなく神様のために用いておられました。

二度にわたる記念誌の編集・発行、会計、教会

ダビデ・マーチン宣教師と

での諸集会、市民クリスマス等の他教会間との協力行事にも積極的にかかわっておられました。

中でも、彼女を知る人たちが忘れることのできないのは、長年にわたる精魂を傾けた子どもたちへの伝道のご奉仕でしょう。

手作りの教会学校の教材は、教会学校にとって何にも代えがたい財産だと思います。私もお願いをして、ゲームに使えるものを二、三いただき、子どもたちと楽しみました。子どもたちの救いのためにと、どれほど熱心に祈り、周到な準備をし、語り、イエスさまの愛を見せておられたかと思うと、「ぜひ、永らえさせてください」と祈られた人々は多かったと思います。

佐知子姉を思い出すときに、聖書の箴言三十一章に書いてある女性を思います。

その子たちは立ち上がって、
彼女を幸いな者と言い、夫も彼女をほめたたえて言う。
「しっかりしたことをする女は多いけれど、
あなたはそのすべてにまさっている」と。
（箴言三一・二八、二九）

夫からも子どもからも信頼される家庭人として、また地域社会においても、有能でありながら謙遜に心くばりをされる方でした。

最後にお会いしたのは、召される十日前の市民クリスマスのときでした。人形展の会場の入り口に、なんと佐知子姉がそこに来ておられ、人々に説明したり、話をしていたのです！

《聖書の言葉》
彼女は力と気品を身につけ、ほほえみながら後の日を待つ。
彼女は口を開いて知恵深く語り、その舌には恵みのおしえがある。

（箴言三一・二五、二六）

そして、それから十日後に、召されたのでした。私たちに死に対する勝利を指し示しながら。それがイエス・キリストの十字架と復活を信じて与えられた恵みであることを証ししながら。

ご主人の伊藤一夫兄、お子さんたちはもとより、教会にとっても無くてはならない方でした。地上で一人を失いましたが、天に一人を増し加えられたのです。御国で再びお会いするそのときまで、ご遺族と私たちすべての旅路が守られ、祝福されますようにお祈りいたします。

父のこと

生子

父と母は、結婚前からいつも二人で共に祈り合いながら教会に仕えてきました。母を亡くした父の悲しみは計り知れないものがあると思います。

父は小学生のときに一度だけ教会の日曜学校に行ったことがあるそうです。そのときに貰った聖画（聖書の中の物語を題材にした絵）のカードをタンスに貼り付けて見ていたそうです。

大学時代に校内で開かれたキリスト教の集会案内に引きつけられるように出席し、それを機に教会に通うようになりました。福音（イエス・キリストの十字架による罪の赦しと、永遠に続く命が与えられる）を信じた喜びを、いろんな人に伝え、教会に誘ったそうです。

そのころ、中学時代に同級生だった母と再会しました。父は一生懸命母に福音を伝え教会に誘ったそうです。

母はそのころのことを私に話してくれました。

「最初は拒否していたけれど、ある時からイエス様の十字架による救いを信じて、この道を歩んで行こうと決心したの」

後に、父が交通事故で重傷を負ったことや、妹が突然召されたことなど試練もありましたが、すべてを神様に委ねて、感謝しながら歩んでいました。

母の闘病生活の間も、父はずっとそばに付き添って毎日いっしょに聖書を読み祈り合っていました。

母が召されて一人になった父は、「この悲しみによって復活に期待する喜びがいっそう強く感じられるようになった。このことを通してお父さんは、永遠に続く喜びの福音を伝えて行く使命が与えられたのではないかと思う」と話してくれました。

私が選んだのではなく神様が私にそんな祈りの両親を与えてくださったことを改めて感謝しました。

私のベストパートナー

伊藤　一夫

私の妻、佐知子は二〇一四年十二月十九日、天に召されました。一九六六年に洗礼を受け、以後礼拝を休むことなく、召される間際まで、教会学校、幼稚園の会計事務など教会の奉仕に携さわることができたことは、神様の大きな恵みであったと感謝しています。

佐知子の肝臓癌が発見されたのは二〇〇八年のことでした。それから、ラジオ波治療が七回行われ、癌の転移によって心膜と横隔膜の一部を切除、陽子腺治療なども行われました。幸いなことに、いずれも入院期間は短く自宅療養ができました。その間六年余り病気との戦いでしたが、不安や不満らしき言葉を言うことはなく、「大丈夫、大丈夫」と言い続けていました。

聖書の中にこのような言葉があります。

《聖書の言葉》

なんと幸いなことでしょう。
その力が、あなたにあり、その心の中にシオンへの大路のある人は。
彼らは涙の谷を過ぎるときも、そこを泉のわく所とします。

（詩篇八四・五、六）

次女直子の死と病気との度重なる試練は、佐知子にとって「涙の谷を渡る」経験だったことでしょう。その中で、彼女は治療していただけることを感謝し、常に祈り賛美しながら、「涙の谷」を「祝福の湧き出る泉」に変えていたように思います。

「その力はあなた（神）にあり」と記されているように、神様から与えられた力で、神様に従うことがいかに幸いな生き方であるかを、残された私たちに見せてくれました。それは、神の御子イエス様が、佐知子の罪の身代わりになって十字架にかかられたことを思い、涙ながらに悔い改めて神様に従う決意をした体験に基づいているのだと思うのです。ですから、教会学校の教材作成には、どれにも分かりやすく十字架の恵みを記していました。

佐知子が召され、私の日常は一人の生活になりましたが、幼稚園の園長として、園児たちにイエス様の愛を伝える使命が与えられていることは何にもまして感謝なことです。

娘の生子からは毎朝六時に「聖書のみ言葉メール」が届き、九時には娘や孫たちと、テレビ電話で顔を見ながら家庭礼拝をします。石川に住んでいる息子は、仕事が休みの日は帰省してくれ、私と一緒にスーパーで食材を買い、夕飯を作り、互いに祈り合って食事をします。スーパーに行くなど以前はまったくなかったことでした。娘の生子はこの文集を編集してくれました。それを読むと、佐知子がそばにいて語りかけてくれているような気がします。


佐知子と初めて出会ったのは中学一年生のときで、再会したのは二十一歳、それから結婚へと導かれ、三人の子どもが与えられました。佐知子は神様が私に与えてくださった素晴らしいパートナーであったと今も感謝しています。キリストが復活されたように、やがて私たちも復活の恵みに与（あず）かり、また一緒に過ごせる約束は、何と幸いなことでしょうか。

《聖書の言葉》
神を愛する人々、すなわち、神のご計画に従って召された人々のためには、
神がすべてのことを働かせて益としてくださることを、
私たちは知っています。
（ローマ人への手紙八・二八）

聖書の言葉を信じ、感謝しつつ祈りの日々を過ごしたいと願っています。

ハワイ旅行

あとがき

母は私にとって、何でも話せる親友のような存在でした。長い間癌を患っていましたが、心配する私のためにいつも祈っていてくれました。「何があってもイエス様に感謝します！　生子お祈りありがとう」が、私に送ってくれた最後のメールでした。

母が召された後、書類を整理していて見つけた文集を読みながら、母と会いたくなりたまらなくなりました。

ところが、この記念誌をまとめていくうちに、母が体験していたイエス様の十字架による喜びに包まれ慰められました。

母は急に召されたので、私が送った最後のメールを読んでもらうことはできなかったのですが、天国でまた語り合えるときを待ち望みながら、私も母のように「イエス様、何があっても感謝！」と言いつつ歩み続けたいと思います。

おかあさん、
また会いましょうね。
さよなら　のない国で！

吉村生子

《年譜》

1944（昭19）8/13	福井市乾徳で誕生
1945（昭20）7/19	福井空襲・前日に剣岳村へ疎開
1951（昭26.4月）	鯖江惜陰小学校へ入学
1953（昭28.4月）	福井市　足羽小学校へ転校・2年生
1957（昭32.4月）	光陽《こうよう》中学校入学（１年３組）
	伊藤一夫と同じクラスになる
1966（昭41.10月）	伊藤一夫と九十九《つくも》橋上で再会
1968（昭43）	福井県美展（福井県総合美術展）
	作品「童」
1969（昭44）1/12	佐知子（24歳）受洗（洗礼を受ける）
1969（昭44）3/23	伊藤一夫と結婚（於 如鷲《じょしゅう》 教会）
1970（昭45）4/28	長男・泰信《やすのぶ》出産
1971（昭46）10/26	長女・生子 出産
1974（昭49）8/29	次女・直子 出産
1974（昭49）12/22	父・文夫（64歳）受洗
1976（昭51）12/19	一夫の養父・泰《ゆたか》（77歳）受洗
	一夫の養母・よしを（70歳）受洗
1981（昭56）8/9	長男・泰信（11歳）受洗
1982（昭57）8/8	長女・生子（10歳）受洗
1984（昭59）6/5	母・久枝（69歳）入信
1984（昭59）7/1	次女・直子（9歳）受洗
1988（昭63）	一夫の実父・清一　信仰告白
1999（平11）12/26	生子の夫・浩昌（29歳）受洗
2004（平16）1/20	次女・直子（29歳）召天
2008（平20）	佐知子（64歳）肝臓癌発病
2012（平24）2/19	生子の長男・正貴（8歳）受洗
2012（平24）11/18	生子の長女・真由子（11歳）受洗
2014（平26）12/19	佐知子（70歳）召天

吉村生子（よしむら・せいこ）

伊藤佐知子の長女として、福井県福井市に生まれる。
クリスチャンホームに育ち、10歳で受洗。ピアノ教師。
現在、神奈川県在住。大和カルバリーチャペル会員。
2人の子どもの母。

本文挿絵：伊藤佐知子
コーディネート：森重ツル子

また会いましょう さよならのない国で

2019年5月20日　第1版第1印発行

編　者　吉村　生子
著　者　伊藤　佐知子
発行所　キリスト新聞社出版事業課
〒162-0814　東京都新宿区新小川町9-1
電話03（5579）2432
URL. http://www.kirishin.com
E-Mail. support@kirishin.com
印刷所　モリモト印刷

ISBN978-4-87395-758-6　C0016（日キ販）　Printed in Japan